Revolution im Herzen

Ein Ex-68er begegnet dem echten Revolutionär

1. Auflage 2015

Inhaber: Markus Finkel
Landwehrstraße 34, 80336 München

Cover, Satz und Layout: Christian Schumacher
Fotos: Sammlung Sesselmann, mit besonderem Dank an Martin Wohlers

Druck und Bindung: GGP Media GmbH, Pößneck

ISBN: 978-3-942893-16-9

Inhalt

„1968“ wird 50 Jahre alt

Sie wurden als Radikalinskis, Politrowdies, Polit-Hippies oder Sozial-Faschisten beschimpft. Ihr Kampf galt dem Vietnamkrieg, der rigiden Sexualmoral und der nicht aufgearbeiteten braunen Vergangenheit: die „68er“. Ja, es waren aufgewühlte Zeiten um 1968, als „Jubelperser“ auf Studenten einprügelten, sich das Massaker von My Lai ereignete, der Tod des Studenten Benno Ohnesorg zu beklagen war und Rudi Dutschke angeschossen wurde. Dazu 1969 so unterschiedliche Ereignisse wie Woodstock und die Mondlandung. Kaum etwas in der westdeutschen Nachkriegsgeschichte ist so im Gedächtnis geblieben wie dieser heftige „Sommer der Revolte“. Matthias und viele Gleichgesinnte beteiligten sich damals in Hannover an wütenden Demos und Politaktionen.

Schulen und Universitäten, Ehe und Familie, gesellschaftliche Werte sind von diesen 68ern mächtig verändert worden. Kommunen und Wohngemeinschaften statt der bürgerlichen Familie.

„Sexuelle Befreiung“ statt der Geschlechterrollen von Frau und Mann. Den Soundtrack dazu steuerten Jimi Hendrix, Janis Joplin, Joan Baez, Cream und Bob Dylan bei. Und in der deutschen Szene gaben Gruppen wie Ton Steine Scherben, JANE, Amon Düül, Embryo, Guru Guru, Bröselmaschine, Birth Control, Ashra Tempel oder Can den revolutionären Ton an.

Optimisten reden von einer intellektuellen Neugründung der Bundesrepublik. Für sie war das alles ein überfälliger Aufbruch, eine Art Wiederaufbau und die endgültige Bewältigung der Nazizeit. Fast überall gab es Aufstände: Paris, Berlin, Frankfurt und Berkeley. Der Umsturz der gesellschaftlichen Ordnung war aber mit legalen, demokratischen Mitteln schlecht zu erreichen. Als Konsequenz entwickelten sich gewaltätige Anarchogruppen. Welcher Grad von Gewalt war erlaubt? Zwei politische Lager standen sich wütend gegenüber. Die RAF bekam einen Zulauf von Sympathisanten.

Die hohen Erwartungen und Politträume wurden nicht erfüllt. Rund 50 Jahre später betrachtet, ist das 68er-Paradies ausgeblieben. Matthias und andere durften dem richtigen Revolutionär begegnen. Dem Veränderer des menschlichen Herzens.

Das gott.de-Team

Polithippies und die Sechziger-Jahre

Die Welt meiner Kindheit, die 50er Jahre des vergangenen Jahrhunderts in Hannover, erscheint in meiner Erinnerung grau. Waschmaschine, Kühlschrank oder Fernseher gab es in meiner Familie noch nicht. In der Ferne spielte sich die erste Rock'n'Roll-Revolte ab: Es kam vor, dass so genannte Halbstarke bei Konzerten in der Niedersachsenhalle die Bestuhlung kurz und klein schlugen. 1964 war ich Schüler am Bismarckgymnasium und ließ mir nach dem Vorbild der äußerst umstrittenen Beatles Ende der sechziger Jahre die Haare länger wachsen – allerdings auf unauffällige Weise. In unbeobachteten Momenten kämmte ich sie lang nach vorne.

Die Protestkultur, wofür die Jahre um 1968 stehen, kam nur allmählich auf. Von den Ereignissen, die sie beförderten, hörte ich anfangs durch Radio und – gelegentlich – Fernsehen: Die Dis-

Hannover, Ostermontag 1968: Verhinderung der Bild-Zeitungs-Auslieferung nach dem Attentat auf Rudi Dutschke

kussion über den Vietnamkrieg, die tödlichen Attentate auf Präsidentschaftskandidat Robert Kennedy und den Bürgerrechtler Martin Luther King. Der Demonstrant gegen den Schah von Persien, Benno Ohnesorg aus Hannover, wurde in Berlin erschossen, Studentenführer Rudi Dutschke schwer verletzt. Die Bundesregierung drängte auf Notstandsgesetze, gegen die wiederum demonstriert wurde.

Mein Leben wurde viel bunter. Ich ging inzwischen selbst auf die Straße: gegen die Auslieferung der

Karfreitag 1968: Manfred Lauermann, SDS (Mitte). Rechts ein Poster mit dem Bild des ermordeten US-Bürgerrechtlers Martin Luther King.

„Bild"-Zeitung, gegen den Vietnamkrieg. Das Abitur hatte ich mir geschenkt. Gammel-Look wurde beliebt: die so genannten Schocksocken statt der Schulkleidung mit obligatorischer Bügelfalte. Happenings und Sit-ins kamen in Mode. Kritische Filme und absurdes Theater bildeten das neue kulturelle Umfeld. Politische Schulungen und Diskussionsrunden förderten ein kritisches Bewusstsein hinter der oberflächlichen Proteststimmung. Es wurde intensiv über Gesellschaftsverände-

Ostermontag 1968: Die Polizei geht mit Schlagstöcken und Wasserwerfern zu Werke.

rung nachgedacht: Antiautoritäre Gesellschaft, Antivietnamkrieg und die ausgebliebene Aufarbeitung der Nazivergangenheit. Es bildete sich eine eigene Polit-Sprache der kritischen Linken heraus, der „eh-laborierte Code" im Frankfurter Polit-Slang.

1968 gab es auch in Hannover den Sozialistischen Deutschen Studentenbund (SDS), der zahlreiche Protestaktionen anstieß. Sie waren aber, anders

Ostermontag 1968: Ohnmächtige Wut gegenüber der Bild-Zeitung entlädt sich

als das bürgerliche Lager glauben machen wollte, nicht kommunistisch gesteuert oder unterwandert, sondern lebten vom Widerstandsgeist der so genannten Basis: Einer stellte Flugblätter her, einer organisierte Megaphone, andere bastelten Spruchbänder. Manche brachten einfach ihre Freunde zur Demo mit. Repressionen der Polizei oder des Staatsschutzes verstärkten das politische Engagement meist nur.

Gleichzeitig kam die Hippie-Bewegung in Deutschland an. Sie verfolgte ähnliche politische Ziele wie wir und wuchs mit der protestierenden

Jugend zusammen. Mit den Hippies kam die Drogenkultur. In der Ende 1968 eröffneten ersten „urigen Kneipe“ Hannovers, dem „Maulwurf“, oder bald darauf nicht weit davon im „Milli Vanilli“ kreiste der Joint, lag nicht selten Haschisch offen auf dem Tisch, und Dealer waren auffällig-unauffällig vor der Tür postiert.

Roter Punkt und Straßenbahn-Blockade

Es war1969. Mich überkam ein gerechter Zorn, und ich wollte die Zustände verändern. Einerseits war mir zunehmend klar geworden, dass viele Deutsche in der Zeit des Nationalsozialismus große Schuld auf sich geladen, andere denunziert oder zumindest bei all dem Unrecht geflissentlich weggesehen hatten. Andererseits hatte ich das Ohnmachtsgefühl überwunden, als Einzelner gegen Missstände in der Gesellschaft ohnehin nichts ausrichten zu können. 1969 kündigte die Straßenbahn-Gesellschaft in Hannover, die ÜSTRA, zum 1. Juni eine saftige Fahrpreiserhöhung an. Vereinigungen von Schülern und Studenten, die davon stark betroffen waren, dachten gemeinsam über möglichen Widerstand nach. Andere linke Gruppierungen kamen zu den Treffen dazu.

Anfangs gab es große Meinungsverschiedenheiten über den richtigen Protest und seine Ziele. Dann einigten sich alle auf eine gemeinsame Aktion. 500 Demonstranten schafften es, den Straßenbahnverkehr teilweise lahmzulegen. Beim nächsten Mal kamen schon rund 2000 Menschen zu einer Kundgebung auf den Opernplatz. Anschließend blockierten wir erfolgreich den Schienen-Knotenpunkt am Steintor. Einen weiteren Erfolg hatte die Aktion: Den Autoverkehr ließen wir fließen, forderten die Autofahrer aber auf, sich solidarisch zu verhalten und wartende Fahrgäste mitzunehmen. Kennzeichen war ein auf die Windschutzscheibe geklebter roter Punkt. Demonstranten begannen, den Roten-Punkt-Verkehr zu regeln – so professionell wie Polizisten. Die echten Ordnungshüter waren machtlos gegen die vielen Demonstranten und noch mehr Schaulustige.

Mai 1968: Test-Schienenblockade und Anti-Vietnam-Demo am Kröpcke. Plakataufschrift: Nicht Grundgesetz ändern, Politik ändern! (In Bezug auf den Notstandgesetz-Entwurf von November 1967.)

Auf diese Weise erreichten die Fahrgäste ihre Ziele beinahe so schnell wie mit der Straßenbahn. Bei den Bürgern standen wir in hohem Ansehen. ÜSTRA und Stadt Hannover zogen die Fahrpreiserhöhung vorerst zurück. Das erzeugte bei uns ein Hochgefühl; es war wie auf einem Festival. Zigtausend Menschen hielten sich inzwischen jeden Tag in der hannoverschen Innenstadt auf. Manche übernachteten sogar am

Juni 1969: Nach der Fahrpreiserhöhung werden die Straßenbahnschienen von Demonstranten blockiert …

Steintor unter freiem Himmel, um die Blockade und den „Schienenersatzverkehr" aufrecht zu erhalten. Aber die politischen Extremisten unter uns wollten mehr: Sie versuchten, den Nulltarif im ÖPNV durchzusetzen. Darüber konnten sich die beteiligten Gruppen nicht einigen; die Richtungskämpfe flammten wieder auf.

In kurzen Abständen, Anfang 1970 und Anfang 1972 sowie 1975, wurden die Fahrpreise dann doch deutlich erhöht. Beim ersten Mal gelang es kaum, Widerstand dagegen zu mobilisieren. 1972

… auch am Steintor.

demonstrierten dann zwar wieder tausende Menschen, aber die öffentliche Meinung war nicht auf ihrer Seite, und die Polizei verhinderte diesmal eine Blockade. Das winterliche Wetter ließ keine Festivalstimmung aufkommen, vielmehr kam es zu gewalttätigen Ausschreitungen, bei denen es viele Verletzte und mehr als 100 Festnahmen gab.

1970 trat ich der Roten Zelle Pädagogik in Hannover bei und besuchte regelmäßig den sogenannten Brücknerkreis. Professor Peter Brückner, Sozialpsychologe und Lehrstuhlinhaber der Fakultät

Juni 1969: Die Idee des roten Punktes funktioniert: Die gekennzeichneten Fahrzeuge helfen bei der Fahrgast-Beförderung. Fahrziele werden per Lautsprecher ausgerufen.

5, war mit den Hochschullehren der sogenannten Frankfurter Schule hochemotional zerstritten. Der Begriff „Sozialfaschismus" machte die Runde. Im Brücknerkreis-Umfeld sah man die Frankfurter Schule eher als lahme Theoretiker. Unsere neue Rote Zellen Initiative war eine von vielen revolutionären Splittergruppen, die nach dem Zusammenbruch des SDS Ende 1969 entstanden waren. Unsere Ideologie war geprägt von den Schriften von Marx, Engels, Lenin, Trotzki sowie Hegel und Feuerbach. Als gerecht wurde der einzelne un-

Polit-Freaks regeln den Verkehr mindestens so gut wie normale Polizisten (am Hauptbahnhof).

terdrückte Arbeiter angesehen (so sah ich mich selbst, der ich mich von Job zu Job hangelte, übrigens auch). Das Unrecht auf der Welt musste demnach beseitigt werden, indem Herrschende und Industriebosse enteignet wurden. Ein gewähltes Arbeiterkomitee sollte dann in den Fabriken das Sagen haben. Fabrikarbeit sollte nach unseren Vorstellungen generell dem gesünderen Landleben weichen. Wir schafften es aber kaum, in Betriebe hineinzuwirken, wo man sich für unsere Theorien wenig interessierte. Die Gründung einer „Lehrlingszentrums-Arbeit“ scheiterte an chronischer Abwesenheit von Lehrlingen.

Ey Alter

Mehr Erfolg hatten wir darin, das kulturelle Leben der Stadt zu verändern. Der Happening-Künstler Reinhard Schamuhn und der Journalist Klaus Partsch gründeten im April 1967 den hannoverschen Flohmarkt am Leineufer. Er entwickelte sich zu einem allgemein beliebten Treffpunkt. 1970 organisierte Schamuhn das erste Altstadtfest, das ebenfalls fester Bestandteil der alternativen Szene der Stadt wurde. Die Straßenkunst-Bewegung entstand mit dem ersten Altstadtfest. Künstler durften ihre „begehbaren“ Objekte in der Stadt ausstellen – Kunst ohne Dach!

Die Rockmusikszene blühte ebenfalls ab 1970 auf. In diesem Jahr eröffnete Hannovers damals größte Discothek, die „Mülltonne“, und gleichzeitig begann eine ununterbrochene Reihe von großen Konzerten bekannter Bands in der Niedersachsenhalle. Nach den Erfahrungen der späten 50er Jahre wurde dabei auf Bestuhlung verzichtet, und statt 2700 passten nun 5000 Rockfans hinein. Sie brachten Schlafsäcke, Lambrusco und was zu Rauchen mit und lagerten locker vor der Bühne.

Viele waren allerdings nicht bereit, die von den Veranstaltern verlangten Eintrittspreise zu zahlen – die galten ohnehin als Bonzen. Durch ihre große Menge ließen sie sich von Ordnern nicht aufhalten und drängelten einfach in die Halle. Das war ideologisch kaum begründbar, galt als freakiges Ritual und Ausdruck der allgemeinen Volksfeststimmung. Bald bewachten Rocker aus Hamburg die Eingänge, was zu härteren Auseinandersetzungen führte. Nicht selten gingen Türen und Fenster zu Bruch, und bald war keine Versicherung mehr bereit, die Haftung für ein Rockkonzert zu übernehmen.

Wir entwickelten nicht nur unsere eigene Szene-Kultur, sondern auch eine besondere Kommunikation. Bevorzugt redeten wir uns mit dem vertraulich-kumpelhaften „Ey Alter“ an und fügten ein lässiges „echt abgefahren“ hinzu. Die neue Sprache zeigte am besten die gesellschaftlichen Veränderungen an. Allerdings änderte sich die Gesellschaft nicht so schnell, wie wir uns das wünschten. „Härtetypen“ traten auf, die sich dank der Hilfsbereitschaft der Szene durchschnorrten („Ey Alter, haste mal ne Mark drauf?"), sich skrupellos bei Szenetypen einquartierten und irgendwann mit deren Wertsachen wieder untertauchten. Das zeigte, dass die gesellschaftlichen Probleme – selbst innerhalb unserer Kreise – noch längst nicht gelöst waren.

Drogenkonsumenten in der Szene hatten damals keinen leichten Stand und mussten sich für ihre Sucht rechtfertigen. Sie hatten ihre eigenen Probleme und waren weniger zu revolutionären Aktionen bereit. Häufig sagten sie: „Das bringt doch eh' nichts – verwirkliche dich selbst."

Rio Reiser und die Scheinkonzerte

Zu unserem neuen Lebensstil gehörte die Gründung von Wohngemeinschaften. Auch schien uns nötig, über selbst verwaltete Räume zu verfügen. Aber es war nicht einfach, in Hannover geeignete und vor allem preiswerte Wohnungen zu finden. Zugleich ließen viele Haus- und

Rio Reiser hat einen wichtigen Termin… nämlich die nächste Hausbesetzung! Hier in der besetzten Arndtstraße (1971), M. Sesselmann (mittleres oberes Fenster).

Grundstückseigentümer Gebäude oder ganze Wohnblocks leer stehen, nachdem sie sich ausgerechnet hatten, sie an Großinvestoren wie Banken oder Kaufhauskonzerne veräußern zu können, und ihre bisherigen Mieter durch freiwilligen Auszug oder Kündigung losgeworden waren. Das empfanden wir als schreiendes Unrecht. Deshalb begannen wir Mitte 1971 mit Hausbesetzungen.

Zunächst besetzten wir ein Haus in der Callinstraße, das der Uni gehörte, dann eine Häuserreihe in der Hildesheimer Straße, die eigentlich abgerissen werden sollte. Die Uni unternahm nichts gegen uns, da sie durch Studentenproteste ohnehin unter Druck stand. Der Immobilieneigner in der Hildesheimer Straße wartete ab. Einen Teil der Wohnungen bezogen unsere eigenen Leute, die übrigen vergaben wir an Arbeitslose und Hilfsbedürftige.

Außerdem hatten wir vor, ein öffentliches, unabhängiges Jugendzentrum einzurichten. So etwas gab es damals in der Stadt noch nicht. Das angestrebte UJZ entsprach unserer Idee der Veränderung der Gesellschaft durch Selbstverwaltung von unten. Auf diese Weise hofften wir, die Bürger und die öffentliche Meinung für unsere Sache zu gewinnen. So entstand sozusagen ein erkämpfter neutraler Freiraum.

Die Polizei griff nicht ein – wir wurden offenbar geduldet. Allerdings mussten wir uns vor dem Verfassungsschutz in Acht nehmen. Wir bemühten uns, die langwierigen Planungs- und Vorbereitungsarbeiten für das UJZ geheim zu halten. Doch schon nach wenigen Tagen machte unser Vorhaben in Thekengesprächen in einer Szenekneipe die Runde. Allerdings hatten wir viel Glück. Die Gerüchte erreichten nicht die Ohren derer, die davon nichts erfahren sollten.

Für eine weitere Besetzung hatten wir eine verlassene alte Fabrik in der Arndtstraße ins Auge gefasst. Unser Ziel war, dort möglichst schnell ein Kulturprogramm anlaufen zu lassen und zugleich die Szene zu mobilisieren, um die Hallen zu füllen. Die Band „Ton Steine Scherben“ mit Sänger Rio Reiser („König von Deutschland“), die schon seit einiger Zeit auf Hausbesetzer-Tourneen mit sogenannten Scheinkonzerten unterwegs war, wurde verpflichtet, zum Auftakt zu spielen. Dazu holten wir die gerade erst gegründete Hannoveraner Band „Jane“ zur Jam-Session und weitere Künstler.

Am 11. Dezember 1971, einem Samstag, spielte „Ton Steine Scherben“ im Audimax der Uni, brach, wie mit uns vereinbart, das Konzert nach drei Stücken ab und schickte das Publikum in das Firmengebäude in der Arndtstraße. Werbetrupps trommelten weitere Szeneangehörige zusammen. Als dann nach etwa einer halben Stunde ein Streifenwagen eintraf und die Beamten nach dem Rechten sehen wollten, waren bereits mehr als 2000 Leute in euphorischer Fetenstimmung

UJZ Glocksee (1986); Glockseeschule auch 1972 kurz nach Gründung des UJZ gegründet

versammelt. Die Polizisten konnten nichts gegen uns unternehmen.

„Das ist der Beginn einer Revolution! Das ist Anarchie! Jetzt schaffen wir's, jetzt geht's los", schoss es mir durch den Kopf.

Wir sandten einen Trupp von Vermummten aus, die im Namen der Hausbesetzung in einigen Läden größere Mengen an Nahrungsmitteln „im Namen des Volkes beschlagnahmen" sollten. Sie waren mit Stöcken bewaffnet und riefen: „Kommando Hausbesetzung Arndtstraße! Hiermit

UJZ Kornstraße (1986)

beschlagnahmen wir im Namen des Proletariats diese Lebensmittelkisten!“ Die Angestellten waren eingeschüchtert und ließen unsere Leute gewähren. Wir fühlten uns absolut im Recht und sahen uns bestätigt, als wir uns auch für diese Aktion keinen Ärger mit den Staatsorganen einhandelten.

Nachdem alles gut angelaufen war, hatten wir nun Zeit für Grundsatzdiskussionen. Es ging unter anderem um die Legitimität von Gewalt: nur gegen Sachen oder auch gegen Menschen? Manche vertraten die fatale Auffassung, das Verbot, Men-

UNABHÄNGIGES
JUGENDZENTRUM
35

schen zu verletzen oder zu töten, sei anerzogen und müsse zugunsten einer neuen, besseren Welt überwunden werden. Die Aktivisten spalteten sich in zwei Lager. Die Gemäßigten wurden als „Schreibmaschinen-Anarchisten" verspottet; sie wollten ihre soziale Sicherheit und Karriere nicht aufs Spiel setzen, hieß es. Sie wiederum warfen der Gegenseite blinden Aktionismus vor.

Bald holte uns die Wirklichkeit ein. Die Ordnungshüter nahmen nun ihre Aufgabe ernster. Am 14. Dezember rückte ein Großaufgebot an Polizisten an. 15 Hundertschaften holten uns trotz erbitterter Gegenwehr aus der Fabrik, nachdem wir die Angreifer mit vorbereiteten Wurfgeschossen Stunden lang abgewehrt hatten. Elf Menschen wurden zum Teil schwer verletzt. 107 Anarchisten, darunter auch ich, wurden festgenommen. Fünf Hausbesetzer, einer von ihnen ein Bandmitglied von „Jane", wurden später als Rädelsführer angeklagt. Wir empfanden das als willkürlich. Unser Hass auf die Polizei und die Gesellschaft wuchs.

UJZ Glocksee (1986)

Nulltarif und Verfassungsschutz

Wenigstens wollten wir den Nulltarif bei den Verkehrsbetrieben doch noch durchsetzen. Dazu dachten wir uns 1972 eine besondere Aktion aus. Es wurden Trupps für jede Straßenbahnlinie gebildet. Sie erhielten Aufkleber mit der Aufschrift „Heute Nulltarif" und Stempel-Blockierer aus geknickten Fahrkarten mit Metalleinlage. Unsere Leute stellten sich an den Haltestellen jeweils ganz hinten an, um als letzte die Straßenbahn zu betreten. Dann schoben sie unauffällig einen Blockierer in den Entwerter und überklebten den Schlitz mit einem Aufkleber. So machten wir nach und nach alle Entwerter unbrauchbar – nur den ganz vorne beim Fahrer ließen wir aus taktischen Gründen aus.

Wer an der nächsten Haltestelle neu zustieg, bemerkte verblüfft, aber auch erfreut, dass er gratis fahren durfte. Keiner der Fahrgäste machte ihn auf unsere Sabotage aufmerksam, obwohl das zumindest einige beobachtet haben mussten. Da machte sich offenbar die sprichwörtliche Sturheit der Hannoveraner bemerkbar. Doch bald darauf entfernten Mitarbeiter der ÜSTRA, begleitet von Polizeibeamten, unsere Aufkleber wieder. Die Aktion verpuffte weitgehend.

Die „Nulltarif"-Aktion hatte bis auf einen für niemand von uns strafrechtliche Konsequenzen. Aber bei der Hausbesetzung in der Arndtstraße waren wir alle erkennungsdienstlich behandelt worden. Beteiligten wir uns an Demonstrationen, kam es nun öfters vor, dass ein Polizist in Zivil uns aus der Zuschauermenge heraus zurief: „Na, Herr Soundso, auch mal wieder dabei?" Wir wollten keinesfalls klein beigeben, sondern beschlossen, die Stadt durch eine drastischere Aktion unter Druck zu setzen.

Damals wurde gerade die U-Bahn gebaut. Daher gab es etliche bis zu 20 Meter tiefe Baugruben in der Stadt, die meist durch große Betonplatten abgedeckt waren. Einer von uns hatte die Idee, eine solche Baugrube zu besetzen und in eine Art Festung zu verwandeln. Drei Leute, die einen Kran steuern konnten, sollten zu einem vereinbarten Zeitpunkt die Platten herausheben, und Teilnehmer einer aus anderen Gründen laufenden Demo sollten dann in die Grube einziehen. Das war in gewissem Sinn ein Schwachpunkt des Plans: Da wir unmöglich tausende Leute vorher in die Aktion einweihen konnten, mussten wir auf einen spontanen Solidarisierungseffekt bauen. Ziel war, die Stadt Hannover zu Zusagen wie etwa den Nulltarif bei der ÜSTRA zu zwingen.

Wir machten uns ans Werk: Handfunkgeräte, Schutzhelme und weiteres Gerät wurden besorgt. Wir versuchten, ein Zimmer in einem nahegelegenen Hotel als Beobachtungsposten zu buchen. Schnell merkten wir aber, dass die Polizei von dem reichlich dubiosen Vorhaben nicht so ahnungslos war, wie sie es eigentlich sein musste. Erhebliches Misstrauen erweckte, dass der Initiator der Aktion nicht zur verabredeten Zeit auftauchte. Also bliesen wir sie sicherheitshalber ab – zu unserem Glück.

Immerhin ging die Stadt dann doch auf eine unserer Forderungen ein: 1972 wurden die Jugendzentren in der Kornstraße und am Glocksee eröffnet. 1977 kam noch der Raschplatzpavillion als nun allgemeines Veranstaltungszentrum hinzu. Alte Aktivisten hatten sich inzwischen in einer Bürgerinitiative organisiert.

Das änderte aber nichts an meinem Hass auf das Establishment. Ich war immerzu in aggressiver Stimmung und bereit, wenn es keinen anderen Weg gab, in den Untergrund zu gehen. Andererseits war ich nicht mehr so überzeugt von meinem linken Engagement. Ich bekam zunehmend das Gefühl, dass meine Versuche, die Gesellschaft zu verändern, zum Scheitern verurteilt waren.

LSD und östliche Mystik

Noch immer suchte ich nach einer Antwort auf die Frage, wie die Welt gerechter, mit anderen Worten: wie Eigentum gerecht verteilt werden kann. Würden die Reichen in Deutschland enteignet, wäre damit noch lange nicht weltweit gesellschaftliche Gerechtigkeit hergestellt, musste ich mir eingestehen. Ich fand es zunehmend fragwürdig, wenn ich Demonstranten sah, die wegen kleiner Ungerechtigkeiten oder um ihres rein persönlichen Vorteils willen auf die Straße gingen

WG-Leben (1976)

und sich keinen Deut um die globalen Zusammenhänge, vor allem die unvorstellbare Armut in den Entwicklungsländern, scherten.

In meiner neuen Sichtweise schienen die Arbeiter um keinen Deut besser als die Kapitalisten zu sein. Beide Gruppen waren von Habgier, Neid und Egoismus angetrieben. Würden die äußeren Bedingungen verändert, also etwa die Regierung beseitigt und eine neue Gesellschaftsordnung errichtet, würden diese allgemeinmenschlichen Mängel kaum verschwinden. Was würde wohl passieren, wenn es echte Demokratie gäbe, also eine Volksmenge, die nur auf den eigenen Vorteil bedacht war, wirklich zu entscheiden hätte? Mir

Haschisch wird zum Rauchen erwärmt (1976)

wurde mehr und mehr klar, dass es der Masse an innerer Bereitschaft zur Veränderung der Gesellschaft mangelte. Ich erkannte, dass die Hippiebewegung ihre Ideale längst verloren hatte.

Ich war tief enttäuscht, denn ich hatte fest daran geglaubt, dass wir kurz vor entscheidenden Veränderungen standen. Also wandte ich mich nun von Gesellschafts- der Bewusstseinsveränderung zu. Sowohl in der Hippie- als auch in der Politszene gab es mystische und umweltbezogene Ansätze. Schon seit längerem nahm ich regelmäßig psychedelische Drogen – Haschisch, Marihuana und LSD. Ich beschäftigte mich mit östlicher Mystik und übersinnlichen Erfahrungen.

Der Absturz kommt danach.

Wir entdeckten damals eine unsichtbare hinter der bekannten sichtbaren Welt. Die Wirklichkeit wurde für uns vielschichtiger und transzendenter. Wir verwickelten uns in endlose Gedankenketten, die uns gefangen nahmen, jede Handlungsfähigkeit und schließlich das Beurteilungsvermögen raubten. Wir lagen antriebslos herum, merkten aber gar nicht, wie wir uns verändert hatten.

Beim Durchdenken der verschiedenen Religionen kam ich nicht recht weiter. Im so genannten Christentum stieß ich auf schwerwiegende Widersprüche, und ähnlich ging es mir auch mit anderen Richtungen. Der Islam schied für mich von vorneherein als menschenverachtend und frauendiskriminierend aus. In der Karma-Lehre des Hinduismus hatte der einzelne Mensch eigentlich keine Chance, seine Lebensumstände je zu verbessern. Das Ziel des Buddhismus, die Auflösung und Verschmelzung allen Seins im ewigen Nichts, war für mich ebenfalls indiskutabel. Ich widmete mich auch dem Tibetanischen Totenbuch, dem I-Ging, der Transzendentalen Meditation und indianischen Heilslehren. Aber nichts davon überzeugte mich wirklich. Ich nahm mir vor, mein Weltbild aus Elementen der genannten Religionen und Lehren zusammenzumixen.

Jane, Joints und das Drogenversteck

Damals wohnte ich schon einige Zeit in einer WG in Räumen einer ehemaligen Brotfabrik im Stadtteil Bothfeld. Hier hatten Jane und andere Krautrockbands Übungsräume gemietet. Als Freund und Roadie der Rockgruppe Jane wohnten wir zusammen mit anderen Freaks in der Wohngemeinschaft über den Übungsräumen. Manchmal kamen die damals noch wenig bekannten scorpions zu Besuch. Etwa ab 1970 hatte sich die Wohnform Wohngemeinschaft in unseren Kreisen durchgesetzt. Besonders beliebt waren alte Bürgerhäuser mit hohen, stuckverzierten Decken, möglichst nahe am Stadtwald Eilenriede. Man zog ganz ungezwungen zusammen – oft hatten sich die WG-Mitglieder erst kurz vorher im „Maulwurf" kennengelernt. In der WG wurde ein alternativer Lebensstil gepflegt: Man hörte in sich hinein, ließ sich drogenbeeinflusst inspirieren und trat mit den anderen spirituell in Verbindung. Die Drogen führten sogar zu Ver-

Spontane Feten entwickeln sich in WGs und Wohnungen

suchen, auf telepathischem Weg gedanklich in Einklang zu kommen.

In einem Erdgeschossfenster einer befreundeten WG in der Königstraße standen einige Hanfpflanzen für den privaten Haschischbedarf. Direkt nebenan befand sich eine Polizeiwache, aber die Plantage wurde verblüffenderweise nie entdeckt. Bei unserem Dealer in der Veilchenstraße wurde Haschisch gewöhnlich im Küchenherd versteckt. Das Versteck, das er für perfekt hielt, war praktisch allgemein bekannt, auch der Polizei. Wenn wir ihn aufsuchten, um Nachschub zu besorgen, waren wir oft im Visier von Zivilbeamten des Rauschgiftdezernats (RD), die sich unsere Autonummern aufschrieben. Das nahmen wir allerdings mit Gelassenheit hin.

In den WGs stiegen oft nächtliche Musiksessions mit Bluesharp, Percussion-Instrumenten wie Bongas oder Kongas, Flöten und Gitarren. Jeder, der nur ein wenig musizieren konnte, durfte mitmachen. Gelegentlich nahm ich tatsächlich die „Vibrations“ eines anderen Teilnehmers wahr und spürte vorab, was er dachte oder wie er sich musikalisch ausdrücken wollte. Auf das Ruhebedürfnis der Nachbarn nahmen wir grundsätzlich keine Rücksicht. Kamen sie an unsere Tür, um sich zu beschweren oder auch nur, um Gnade zu bitten, weil sie am nächsten Tag arbeiten mussten, stellten wir die Ohren auf Durchzug. „Diese Spießer sollen sich nicht so aufregen“, sagten wir uns. Manchmal musste die Polizei für Ruhe sorgen.

1971 machte das RD Ernst und schloss das Lokal „Milli Vanilli“ nach einer Drogenrazzia. Dann wurde auch die „Mülltonne“ dicht gemacht, wenn auch nur wegen Lärmbelästigung. Allerdings wurde die Beschaffung damit deutlich schwieriger. „Weißt du, wer was hat“, hieß es in der Szene immer häufiger. Die Dealer in der Veilchenstraße versuchten daraufhin, ihren Kundenkreis diskret zu erweitern. „Diese Adresse nur coolen Leuten weitersagen“, schärften sie den Leuten ein. 1972 ging ihr Hauptquartier und gleichzeitig auch ihr vermeintlich geheimes Depot im Küchenherd doch noch hoch. Ein Geheimversteck, das, wie erwähnt, natürlich jeder kannte.

Hasch, Marihuana, LSD oder Meskalin galten für uns als Lebenselixier, als Naturheilmittel – nicht etwa als Drogen. Von Heroin und Kokain dagegen, die damals erst im Kommen waren, ließen wir die Finger – da sahen wir durchaus die Suchtgefahr. Die vermeintlich weichen Drogen waren für uns ein Mittel zur Gesellschaftsveränderung.

Drogen-Propagandist Professor Timothy Leary hatte empfohlen, LSD in die Trinkwasserversorgung einzuschleusen, um die Menschheit auf diesem Weg zu befrieden. Wir folgten eine zeitlang diesem Ansatz und manche gaben selbst Kindern psychedelische Drogen, um auf diese Weise die Menschheit von der Wurzel her zu erneuern. Der Erfolg war, dass manche von ihnen später als Heroinsüchtige endeten.

Gern saßen wir im vertrauten Kreis oder auch mit Leuten, die wir gerade erst kennen gelernt hatten, zusammen und rauchten ein paar Joints oder Pfeifen mit Haschisch. Gemeinsam hatten wir mystische Erlebnisse: überwältigende Natureindrücke oder seltsame Alltagssituationen in der Großstadt. Manchmal verfielen wir auf regelrechte Fress- oder Genusstrips, bei denen die gestörte Wahrnehmung, insbesondere die Geschmacksnerven Kapriolen schlugen. Der häufige LSD-Missbrauch führte mitunter auch zu Horrortrips mit schrecklichen Verwesungsgefühlen, Erscheinungen von ekligen Spinnen oder Dämonen und dem Einfluss der eingebildeten oder tatsächlichen Aura anderer Menschen.

Selbst wenn wir gerade nicht auf Trip waren, konnte es zu Flashbacks kommen, bei denen wir unvermittelt in den Zustand visionärer Empfindungen zurückfielen. Während der Arbeit war das ausgesprochen lästig, beim Autofahren konnte es sogar gefährlich werden. Manche von uns setzten sich aber auch unter Drogeneinfluss bewusst ins Auto, um im dichten Stadtverkehr spezielle „Feelings" hervorzurufen. Nicht selten kam es dabei zu schweren, manchmal sogar tödlichen Unfällen.

Außenstehende konnten oft lange Zeit nicht erkennen, ob wir unter Drogeneinfluss standen oder nicht. Ein Freund von mir geriet einmal auf Trip in eine Polizeikontrolle. Er nahm von den Beamten nur ihre weißen Mützen wahr, klappte aber instinktiv das Seitenfenster seiner Ente herunter. Ohne von der Kontrolle überhaupt etwas mitzubekommen, ließ er sich in einen lebhaften Dialog mit den Polizisten verwickeln. Schließlich sagte einer von ihnen: „Fahren Sie weiter. Wenn Sie dummes Zeug geredet hätten, hätten wir Sie zur Blutprobe mitgenommen." Nachdem er seine Gedanken ein wenig geordnet hatte, ließ er den Motor an und fuhr sicher nach Hause.

Ein „Jane"-Bandmitglied hielt einen Rhesusaffen als Haustier. Das Tier fraß Haschisch, rauchte auch Zigaretten und flippte von Zeit zu Zeit völlig

Die LP Jane „here we are“ (1973), das Cover Bild entstand in Sesselmanns Zimmer in der Brotfabrik in Hannover-Bothfeld

aus. Dann biss es in der Straßenbahn Fahrgäste oder warf im Supermarkt mit Tomaten um sich. Obwohl uns der Affe eine Menge Ärger eintrug, begannen manche von uns, den vermeintlich buddhistischen Lebensstil des Affen zu übernehmen, der seine Triebe hemmungslos auslebte, Frust unkontrolliert abließ und so anscheinend zu innerer Freiheit gelangte.

Frust und Rohopium

Für unsere WG in der alten Brotfabrik zahlten wir keine Miete. Da das dem Immobilieninhaber mehr oder weniger egal zu sein schien und uns auch das Wasser nicht abgestellt wurde, blieben wir einfach. Strom bezogen wir per Verlängerungskabel bei Freunden und Nachbarn.

Flohmarkt (1973), Die Szene wächst seit 1970 zusehends

Sie erhoben erst Einspruch, als der Winter 1972 kam und wir Heizlüfter zu betreiben versuchten. Das Vorhaben, auf dem Fußboden eine Art Lagerfeuer anzuzünden, schlug fehl. Uns blieb nichts anderes übrig, als uns in Decken zu hüllen, die wir in Krankenhäusern organisiert hatten.

Hatte ich bisher um Opiate wegen ihrer Gesundheitsgefahren einen weiten Bogen gemacht, begann ich schließlich, Rohopium zu rauchen. Ich meinte, mich ohnehin in einem desolaten Zustand zu befinden. „Die Zeiten sind schlecht,

Frühe Hippiezeit mit Wasserpfeife (von Schmalfilm, 1972)

alles ist absurd“, sagte ich mir und rechtfertigte so diese verstärkte Betäubung. So ging es auch vielen anderen Leuten der Szene.

1972 öffnete in Hannover eine Drogenberatungsstelle (kurz „Drobs“) mit einer Teestube. Ein psychisch geschädigter Bekannter bekam dort von einem Arzt den Rat, bei Haschisch und Marihuana zu bleiben und nur die härteren Drogen abzusetzen. Dass seine psychischen Probleme gerade durch die schwach toxischen Rauschmittel bewirkt worden waren, erkannte der Arzt

Wolfgang Krantz von Jane mit dem Rhesus-Affen

nicht – oder er wollte es nicht wahrhaben. Manche Mitarbeiter der Drobs waren in der Szene gut bekannt. Sie hatten selbst, wie fast jeder wusste, zuvor zumindest gekifft.

Zu dieser Zeit wurde auch die Methadon-Substitution eingeführt. Methadon wird auf Morphinbasis hergestellt und befreit daher nicht aus Drogenabhängigkeit, sondern hält den Süchtigen lediglich auf einem niedrigeren Drogenspiegel, ohne dass es zu Entzugserscheinungen kommt. Resultat war, dass die Fixer nun an der Drobs-Ausgabestelle Schlange standen.

Ich stahl mir damals meinen Lebensunterhalt zusammen, aus weltanschaulichen Gründen meist bei Filialen von Großkonzernen, aber ich handelte durchaus nicht immer streng dogmatisch. Manchmal war es einfach leichter, Waren aus kleineren Läden mitgehen zu lassen. Ein schlechtes Gewissen hatte ich eigentlich nur, wenn ich nichts stahl, denn das Klauen war für mich durch die korrupte Gesellschaft und Wirtschaft auf jeden Fall gerechtfertigt. Ich sah darin sogar ein Mittel der Veränderung, die ich nach wie vor anstrebte. Dass ich einer sehr kleinen Gruppe angehörte, die nur zu ihrem eigenen Vorteil zur Enteignung schritt, kam mir nicht in den Sinn.

Halbzeit beim 1. FC Rock'n'Roll Rudolf Schenker und Chef-Techniker Bernie (1980)

Damals strebten viele an, sich gesund zu ernähren, beeinflusst durch esoterische Lehren. Ich ernährte ich mich sehr bewusst – natürlich fleischlos. Mit der Zeit ekelten mich auch Alkohol, Kaffee und Tee,

Tabletten, LSD, Meskalin und Tabak regelrecht an. Ich nahm nur noch Haschisch und Marihuana aus eigenem Anbau sowie etwas Rohopium zu mir. Ich wollte innerlich reiner werden, indem ich alles

Ungesunde aus meinem Leben entfernte. Für „untranszendent“ hielt ich auch Autofahren. Ich ließ mich nur noch manchmal von Bekannten in deren Autos mitnehmen. Unsere Touren waren für die anderen Verkehrsteilnehmer oft eine Qual, weil wir gern mit 25 bis 30 Stundenkilometern durch die Gegend zockelten, um in unseren breiten Köpfen die Umwelt besser auf uns wirken zu lassen.

Astralreisen und Trance

Wenn ich auf mein bisheriges Leben zurückblickte, geriet ich ins Grübeln. Zuerst war ich Gymnasiast gewesen, dann sah ich mich vorrangig als politisch Engagierten, dann als Anarcho und Freak mit Durchblick. All das waren Schubladen, in die ich nun nicht mehr gesteckt werden wollte. Nun bemühte ich mich, nach meinen Überzeugungen zu leben, ohne mich auf eine Rolle festlegen zu lassen. Ich musste aber einsehen, dass es wiederum eine Festlegung war, keine bestimmte Rolle spielen zu wollen. Mein alternatives Leben erschien mir plötzlich genauso vorhersehbar und langweilig wie meine früheren

Rollen – trotz aller Freiheiten, die ich genoss und von denen ich einst nur träumen konnte.

Ich wurde das Gefühl nicht los, dass ich das wirkliche Leben einfach nicht finden konnte.

Ich hatte doch die Fehler der Gesellschaft zur Genüge studiert und analysiert. Mir standen doch viele idealistische Philosophien als Alternativen zur Verfügung, und doch gelang es mir nicht, zufrieden zu leben. Zwar waren die Normalbürger auch unzufrieden, aber sie fügten sich in ihr Schicksal und erwarteten einfach nicht mehr vom Leben. Sie hofften nicht auf eine bessere Gesellschaft und hatten daher eine wesentlich höhere Frustrationsschwelle als ich.

Das Problem sah ich mehr und mehr in der zeitlichen Begrenztheit. Ich strebte danach, in die Zeitlosigkeit vorzudringen. Ich wollte nicht alt und krank werden und schon gar nicht sterben. Bei Meditationen war es mir gelungen, meinen Körper zu verlassen und auf so genannte Astralreisen zu gehen. Aber das war stets unbefriedigend ausgegangen und hatte meine Unruhe nur verstärkt.

In dieser Zeit saß ich Tage lang in Trance in meinem Zimmer und konnte Wirklichkeit und

Die obligatorische WG-Spüle mit Altlasten

Trugbilder nicht mehr auseinanderhalten. Meine Eltern erschienen und schauten mich lange wortlos, ernst und traurig an. Dann kam ich wieder zu mir und erkannte, dass niemand da war und niemand da gewesen sein konnte. Ich überlegte lange hin und her, was die Erscheinung bedeuten sollte. Dann ging die Tür auf, und meine Eltern traten tatsächlich ein. Sie benahmen sich normal, aber ich wusste, dass sie sehr besorgt um mich waren.

Ich fand mich selbst in einer unwirklichen Szene, in der ich mich auf einem Sonnenstrahl zu bewegte. Ich spürte irgendwie, dass ich auf meiner Suche nach Wahrheit weit abgeirrt war. Dann drehte ich mich um und erschrak: Die Sonne war sehr weit entfernt und verstärkte meinen Eindruck, einem Irrweg zu folgen.

Ende 1972 war ich an einem Morgen für meine Verhältnisse ungewöhnlich früh aufgestanden – warum, wusste ich eigentlich gar nicht. An diesem Morgen zog ein Sturm über Norddeutschland hinweg. Kurz nachdem ich meine Matratze verlassen hatte, durchschlug ein Dachziegel ein Fenster in der Dachschräge unserer WG und traf genau die Stelle, an der ich eben noch gelegen hatte. Das Zimmer wurde schwer in Mitleidenschaft gezogen. Noch am selben Tag erhielt ich die Nachricht, dass ein Bauernhaus in der Lüneburger Heide, das Rockbands aus der Hannoveraner Szene als abgelegenen Übungsraum benutzten und in dem ich mich ebenfalls öfter aufhielt, um mich auszuruhen, im Sturm durch einen umgestürzten Baum völlig zerstört worden war. Mir kam darauf eine düstere Ahnung, dass etwas Grundlegendes nicht stimmte.

Mein Innenleben beunruhigte mich zutiefst. Ich geriet in immer längere Gedankenspiralen, die mich lähmten und mir alles, was ich tat, sinnlos erscheinen ließen. Ich begann, mich zu betäuben, um die mentale und seelische Krise einigermaßen ertragen zu können. Schließlich hörte aber der Wahnzustand auch nachts nicht mehr auf – selbst durch Betäubung ließ er sich nicht abstellen. Ich verwandelte mich mehr und mehr in das, was die so genannten ehrbaren Bürger einen Penner nennen. Hinzu kam, dass ich an Gelbsucht erkrankte. Weil ich sie verschleppte, musste ich Anfang 1973 ins Krankenhaus.

Bibel und Jesus-Treff

Doch noch bevor ich in der Klinik behandelt wurde, kam mir Ende 1972 ein Gedanke, an den ich mich klammerte: Vielleicht gibt es einen Ursprung aller Existenz, vielleicht gibt es einen Gott, und ich habe es nicht bemerkt! Bisher hatte ich mich nur widerwillig und unter Druck mit der Bibel beschäftigt, jetzt wollte ich einmal bewusst lesen, was darin über Jesus stand, der mir wie ein Revolutionär und Guru vorkam. Schon nach einigen Seiten des Neuen Testaments hatte ich den Eindruck, auf brisantes Material gestoßen zu sein.

Vieles, was Jesus tat, passte in mein Weltbild: Er wandte sich mit seinen Ideen an Proletarier, zum Beispiel Fischer. Er brachte üble Ausbeuter (Zöllner) dazu, ihr Verhalten und ihren Lebensstil zu ändern. Sogar Prostituierte, die bedauernswertesten Opfer der Gesellschaft, stiegen auf seine Initiative hin aus und begannen, anderen Menschen zu helfen. Offenbar hatte Jesus etwas Besonderes, das Leute, die ihm begegneten, dazu brachte, auf einen sozialen Trip umzuschwenken. Sie bekamen bei ihm etwas, das sie sonst nicht kriegen konnten. Sie wurden wachgerüttelt und gewannen neue Lebenskraft. Das Establishment lehnte Jesus dagegen ab und versuchte, ihn unschädlich zu machen, letztendlich umzubringen. Mir fiel auf, dass gerade sein entschiedenes Auftreten zu seiner Verurteilung und Hinrichtung führte.

Mich beeindruckte vor allem der folgende Disput aus dem Lukasevangelium:

„Und während er redete, bat ihn ein gewisser Pharisäer, mit ihm zu Mittag zu essen. Und er ging hinein und setzte sich zu Tisch. Der Pharisäer aber verwunderte sich, als er sah, dass er sich vor dem Mittagsmahl nicht gewaschen hatte. Da sprach Jesus zu ihm: Nun, ihr Pharisäer, ihr reinigt das Äußere des Bechers und der Schüssel, euer Inneres aber ist voll Raub und Bosheit. Ihr Toren! Hat nicht der, welcher das Äußere schuf, auch das Innere gemacht? Wehe euch Pharisäern, dass ihr den ersten Sitz in den Synagogen und die Begrüßungen auf den Märkten liebt! Wehe euch, ihr Schriftgelehrten und Pharisäer, ihr Heuchler, dass ihr wie die verborgenen Gräber seid, über welche die Leute dahin gehen, ohne es zu wissen. Da antwortete einer der Gesetzesgelehrten und sprach zu ihm: Meister, mit diesen Worten schmähst du auch uns! Er aber sprach: Wehe auch euch Gesetzesgelehrten! Denn ihr ladet den Menschen unerträgliche Bürden auf, und ihr selbst rührt die Bürden nicht mit einem Finger an. Wehe euch, dass ihr die Grabmäler der Propheten baut! Eure Väter aber haben sie getötet. Wehe euch Gesetzesgelehrten, denn ihr habt den Schlüssel der Erkenntnis weggenommen! Ihr selbst seid nicht hineingegangen, und die, welche hineingehen wollten, habt ihr daran gehindert.“ (Kapitel 11, Verse 37 bis 40, 43 bis 47, 52)

Dieser Jesus hatte großen Mut bewiesen, indem er Missstände kompromisslos aufdeckte und für die Veränderung der Gesellschaft sein Leben riskierte. Er hatte meine volle Sympathie. Ich nahm mir vor, mich unvoreingenommen, ohne gesellschaftsgeprägte Vorurteile, mit Jesus Christus und der Bibel auseinanderzusetzen. Folgendes stellte ich fest: Nach eigener Aussage hatte er schon vor der Menschheitsepoche im unsichtbaren Bereich Gottes existiert. Er war Mensch geworden, und man hatte ihn hingerichtet. Drei Tage nach seinem Tod ist er laut verschiedener Zeugenaussagen wieder aufgetaucht und mehrfach gesehen worden, bevor er in die göttliche Unsichtbarkeit verschwand.

Für mich war das nach meinen spirituellen Erfahrungen nicht völlig undenkbar. Dass es eine solche Gestalt wirklich gegeben hatte, erschien mir zwar ein verwegener Gedanke, doch ich spürte irgendwie, dass an der Sache möglicherweise etwas dran war. Ich begann sogar, mit Gott zu sprechen – zu beten.

Ich war eigentlich weit weg davon, konnte aber nun glauben, dass Jesus der Sohn Gottes ist, den Gott geschickt hat, um die Menschen zu erlösen, der stellvertretend für die Schuld gestorben ist, um die Menschen mit Gott zu versöhnen und ihnen ewiges Leben zu geben. Ich erlebte im Gespräch mit Gott inneren Frieden, schließlich auch Befreiung von Drogenabhängigkeit und psychischen Problemen.

Meine labile Situation besserte sich fast sofort. Kraft und Sinn kamen in mein Leben. Etwa zur gleichen Zeit lernte ich bewusste Christen kennen, die mich unterstützten. In mir erwachte eine Begeisterung, anderen Menschen zu helfen. Ich beteiligte mich daran, eine Anlaufstelle in Hannover zu schaffen, eine christliche Teestube mit Namen „Jesus-Treff". Sie wurde mitten im Nachtclub- und Rotlichtviertel der Stadt angesiedelt, denn wir wollten vor allem Menschen in seelischen Nöten und mit Suchtproblemen erreichen.

P2-Loge, Esoterik, und Neuheidentum

Die eben zitierte Bibelstelle beantwortete auch meine Frage, warum Gott so vielen Menschen, insbesondere unserer Generation, verborgen bleibt: „Ihr habt den Schlüssel der Erkenntnis weggenommen! Ihr selbst seid nicht hineingegangen, und die, welche hineingehen wollten, habt ihr daran gehindert." Menschen

– oder Mächte – verschleiern Inhalte der Bibel und setzen stattdessen einen falschen, heuchlerischen und selbstgerechten Gottesglauben in Umlauf.

Mir wurde nach und nach immer klarer, dass es seit der Zeit des Neuen Testaments unzählige Glaubensvernebelungen, Abirrungen und Verwirrungen darüber gegeben hat, was es bedeutet, Christ zu sein. Schon unter den frühen Christen entwickelten sich liberale und konformistische Bewegungen, was zu einer folgenschweren Verwässerung der wahren Glaubensinhalte führte. Seit das Christentum im Jahr 381 Staatsreligion im römischen Reich geworden war, genügte es, zum Christentum überzutreten. Die bewusste Entscheidung, Christ zu werden (nach biblischer Lehre ist das die Grundvoraussetzung), wurde zweitrangig und fiel ganz weg. Heute bilden konsequente Christen eine verschwindend kleine Minderheit in der unübersehbaren Menge der Getauften.

Ich habe erlebt, dass Pfarrer, die gar nicht an Gott glauben– solange sie das nicht gerade öffentlich propagieren –, im Amt bleiben. Viele Dogmen und Traditionen der Kirchen sind mit der Bibel nicht vereinbar. Die Kirchen handeln sogar dem

Tesstube Jesus-Treff in der Goethestraße 17 (1973)

Geist der Bibel zuwider. So wurde bekannt, dass die Vatikanbank, das „Institut für die religiösen Werke“, Kontakte zur Mafia und zu der geheimen Freimaurerloge P2 unterhält, die durch umstürzlerische Aktionen und Attentate Schlagzeilen machte (siehe etwa David A. Yallops Buch „Im Namen Gottes“). Vermutlich gibt es da eine Menge unguter Zusammenhänge.

Martin Luther hat die Bibel ins Deutsche übersetzt und damit unschätzbare Verdienste, dass die christliche Botschaft sich nach Jahrhunderten der Verdrehung sowie der Vermischung

Die Teestube Matthias vorm Fenster in der Mitte (1974)

mit fremdem, heidnischem Gedankengut wieder in Deutschland verbreiten konnte. Trotzdem dominieren auch heute wieder Namenschristen, die entweder die Bibel nicht kennen oder bewusst gegen ihre Lehre reden und handeln. Ihre Ignoranz und Heuchelei blieb jedenfalls meiner Generation, den so genannten 68ern, nicht verborgen. Sie trat eine Kirchenflucht an, die weite Kreise zog.

Manche machten sich bei fremden Religionen und in der Esoterik auf die Suche, andere flüchteten sich in Materialismus und Hedonismus. Da keiner dieser Wege zum ersehnten Ziel führte, machte sich unter den Suchenden Frust breit. Das war Nährboden und Auslöser der No-future-Bewegung Ende der 70er Jahre. Der Gedanke eines lebendigen, persönlichen Gottes, der mit den Menschen in eine liebende Beziehung treten möchte, scheint heute unendlich weit weg. Aber das liegt an uns selbst. Der Glaube an Jesus Christus macht frei – das kann ich bezeugen.

Jesus-Freaks

Nach meiner persönlichen Erfahrung mit diesem befreienden Glauben machte mir der Anblick der blass-grünlichen Gesichter der Menschen um mich her, gleich, ob bei Rockkonzerten, anderen Massenveranstaltungen oder nur morgens in der Straßenbahn, schwer zu schaffen. Ich erkannte jetzt, wie abgehetzt, innerlich unter Druck und ohne Perspektive für ihr Leben sie oft waren. Jesus hat gesagt: „Kommt alle her zu mir, die ihr mühselig und beladen seid, so will ich euch erquicken. Nehmt auf euch mein Joch und lernt von mir, denn ich bin sanftmütig und von Herzen demütig, so werdet ihr Ruhe finden für eure Seelen! Denn mein Joch ist sanft und meine Last ist leicht." (Matthäusevangelium, Kapitel 11, Verse28 bis 30). Ich fühlte mich aufgefordert, gleich am Tag meiner Gotteserfahrung etwas zu tun.

Ich ging ins UJZ Kornstraße, das „Kornzentrum", und sprach dort mehrere Bekannte aus der Polit- und Drogenszene an. Ihre Reaktionen reichten von Verwunderung bis zu kühler Ablehnung. So viel Mühe ich mir auch gab, sie verstanden mich nicht. Aber ich ließ mich nicht entmutigen.

Mit Einladungen in die christliche Teestube war ich erfolgreicher,. Überwiegend kamen Penner, Alkohol- und Drogensüchtige. Ihre Zahl wuchs von etwa 40 in 1973 auf 60 im folgenden Jahr und schließlich 100 in 1975. Einige dieser Jesus-Freaks entschieden sich, an Gott zu glauben. Ihr Leben änderte sich zum Positiven. Wir waren eine feste Gruppe, wollten aber keine christliche Gemeinde gründen, da wir zu allen interessierten Christen, gleich welcher Konfession, Kontakt suchten und pflegen wollten. Wir bemühten uns aber, neue Leute an empfehlenswerte christliche Gemeinden in Hannover und Umgebung zu vermitteln. Viele fühlten sich dort nicht zu Hause und blieben lieber in der Teestube. Daher sahen wir uns 1975 doch gezwungen, eine eigene Gemeinschaft zu gründen.

Aufgrund unserer zweifelhaften Nachbarschaft hatten wir öfters Zoff mit Zuhältern, Schlägern und Kriminellen, die uns gegenüber ausflippten und aggressiv wurden. Aber auch sonst bekamen wir es mit schwierigen Menschen zu tun – Verrückten und Totschlägern, die sich sehr nervenaufreibend aufführten. So kam es, dass es für uns nicht unbedingt leicht war, neue Mitarbeiter zu gewinnen.

Trotzdem dehnten wir unsere Aktivitäten auf Besuche in der Psychiatrie aus. Nach einiger Zeit fanden wir so Helfer, darunter auch Menschen, bei denen niemand mehr eine Heilung erwartet hätte. Sie waren häufig durch starke Medikamente ruhiggestellt, wirkten äußerlich zwar starr, aber ruhig und ausgeglichen. In Wirklichkeit waren sie von Depressionen belastet. Sie wollten vor Schmerzen schreien und waren zu keinen Reaktionen fähig. Die Ursachen ihrer Depressionen oder Geisteskrankheiten blieben unbewältigt. Vielen von ihnen konnten auch wir nicht helfen, aber ein paar wurden von stärksten okkulten Bindungen frei. Man konnte von Heilung sprechen, auch wenn die Betreffenden zuvor von den Ärzten bereits abgeschrieben worden waren.

Matthias Sesselmann vor dem Jesus-Treff (1986)

Jesus Treff
TEESTUBE
TAXI

Irgendwann 1975 entdeckte ein ehemaliger Drogendealer, der zum Glauben an den lebendigen Gott gekommen war, in einem Uni-Schließfach ein Kilo Haschisch. Den Stoff hatte er dort schlicht vergessen. Wir waren erschrocken und ratlos: Was sollte nun mit dem Stoff geschehen? Schließlich schien es uns das Beste, ihn an Ort und Stelle zu vernichten – niemand von uns hatte mehr Verwendung dafür.

1977 tauchte der Initiator der Baugrubenbesetzung im Zuge des U-Bahn-Baus 1972 völlig überraschend in der Teestube auf. Er war inzwischen vom Alkohol gezeichnet und völlig verzweifelt; obwohl er zur Szene gehörte, hatte ich ihn seit damals nicht mehr gesehen. Die alte Geschichte wollte er nun endlich aufklären. Wie ich erfuhr, war er damals wegen Verbindungen zur RAF und ihren Kaufhaus-Brandstiftungen im Visier der Polizei. Um seinen Hals aus der Schlinge zu ziehen, hatte er den Ermittlern die Baugrubenaktion verraten. In der Folge hatte er aber nicht nur Angst vor der Polizei, sondern auch vor seinen früheren Gesinnungsgenossen und verschwand aus der Öffentlichkeit. Zu unserer Überraschung bat er uns, für ihn zu beten, ließ sich dann aber nicht mehr blicken.

Rockband Semaja, Come-In Läden, Theraphie-angebote

Mit anderen Teestubenmitarbeitern unterstützte ich die Gründung der Band „Semaja“. Ich organisierte Konzerte im Großraum Hannover, und ab 1974 trat „Semaja“ in vielen Jugendzentren, Discos und Clubs auf, um Menschen auf diese Weise auf Gott aufmerksam zu machen. 1979 und 81 folgten das Pantomimentheater Agape und die No-Fear-Band. Wir organisierten viele Veranstaltungen und verteilten bei Rockkonzerten, Demos, Stadtfesten und vor Discos Flugblätter mit der christlichen Botschaft. Immer wieder wurden dadurch Leute angesprochen, kamen als Gäste in die Teestube, stellten Fragen, erzählten von ihren Problemen, und wir diskutierten über unsere Weltsicht.

Die christliche Rockband Semaja singt evangelistische Texte – mit Hairsänger Markus Egger (1974)

1975 und 76 eröffneten wir außerdem zwei Läden mit dem einladenden Namen „Come In“. Dort verkauften wir Erzeugnisse aus indischen Waisenhäusern und boten christliche Literatur und Schallplatten an. 1991 wurde daraus schließlich

der kleinste Buchladen Deutschlands mit rund 2,5 Quadratmetern – zuzüglich gut fünf Quadratmetern Außenbereich – in der Passage unter dem hannoverschen Hauptbahnhof. Diese Verkaufsstelle bestand bis September 2005.

Von dem Gedanken, durch einen gewaltsamen Umsturz die Gesellschaft zu verändern, war ich völlig abgekommen. Es gab nach meiner Überzeugung nur einen Weg: die Veränderung jedes Einzelnen, und zwar durch eine persönliche Beziehung zu Jesus Christus. So hatten es viele von uns an sich selbst erlebt.

Andererseits blieben viele Drogen- und Esoterikfreaks aus meinem Bekanntenkreis im Laufe der Jahre auf der Strecke. Sie vegetierten dahin, irritiert und verwirrt durch problematische Weltanschauungen, die Folgen ihres Drogenmissbrauchs oder auch durch den sozialen Abstieg als verachtete und gemiedene Außenseiter. Szenekenner und Bekannte kommentierten das gern mit den Worten: „Der ist auf LSD hängen geblieben." – „Hat sich das Gehirn weggedrückt..." – „Völlig fertig, der packt's nicht mehr."

Immerhin: In der Alternativ- und Rockmusikszene Hannovers wurde durch unsere Aktivitäten Gott wieder zur Kenntnis genommen, auch wenn meist keine nachhaltige Wirkung zu verzeichnen war.

Anfangs wurde unsere Arbeit von der Intermission finanziert, einem 1964 gegründeten Verein, der sich hauptsächlich um Waisenkinder in Indien

Einsatzteam der hannoverschen Teestube Jesus-Treff in der Münchener Innenstadt (1974)

kümmerte und Patenschaften vermittelte. Später wurde unsere Gruppe so groß, dass wir unsere Arbeit selbst tragen konnten. 1981 entstand, noch unter dem Dach der Intermission, eine Obdachlosenarbeit. Wir bemühten uns, solchen Menschen Wohnungen zu verschaffen, und halfen ihnen, selbst hergestellte Gegenstände zu verkaufen, damit sie zu einem geregelten Leben zurückkehren konnten. Wer von ihnen schwere Drogenprobleme hatte, den vermittelten wir an therapeutische Wohngemeinschaften.

Der Bulle holt keine Bullen

Wir waren Jesus-Freaks. Unseren früheren Lebensstil sah man uns an, auch nachdem wir uns zum Glauben an Jesus Christus bekehrt hatten. Wir konnten uns so aber den Szene-Leuten zuwenden, mit denen sonst niemand etwas zu tun haben wollte, weil sie in den Augen der Durchschnittsbürger zu abgedreht und eine Zumutung waren.

Ein Heroinsüchtiger, der sich eines Tages ausgerechnet die Kasse unseres Come-In-Ladens mit 110 D-Mark Inhalt unter den Nagel riss, dürfte mit den Konsequenzen nicht gerechnet haben: Der Verkäufer, Krankenpfleger Martin, holte den nicht ungefährlichen Dieb schnell ein und packte ihn am Kragen. Der reagierte mit entwaffnender Offenheit: „Musste verstehen. Bin halt süchtig. Ich lebe vom Klauen." Martin ließ sich davon aber nicht beeindrucken und begann mit dem Junkie ein ausführliches Gespräch über seine Suchtproblematik und den christlichen Glauben. Dafür verzichtete er auf Polizei und Anzeige.

Der Junkie ließ die guten Ratschläge zwar zunächst routiniert an sich abperlen, lief aber wenige Tage später bei einem Rockkonzert erneut Martin über den Weg und musste ein zweites Mal eine längere Befragung über sich ergehen lassen. Da der Süchtige sonst aber kaum die Erfahrung machte, dass sich jemand freiwillig um ihn kümmerte und sich um sein Wohl sorgte, begann er schließlich, freiwillig den Buchladen aufzusuchen.

Unter ähnlichen Umständen kam ein anderer Fixer in unsere christliche Teestube Jesus-Treff, um den Mitarbeitern sein Herz auszuschütten. Wie sich herausstellte, saß er eigentlich gerade im Knast, hatte aber Freigang und spontan beschlossen, nicht in seine Zelle zurückzukehren: „Kein Bock mehr!" Dann sah er sich misstrauisch im Raum um: „Dass ihr mir aber nicht die Bullen holt!" Einer grinste: „Nee, die hole ich bestimmt nicht."

Der Junkie konnte nicht wissen, dass der Mann, der sich zu Wort meldete, selbst ein Bulle war, ein zum entschiedenen Christen gewordener Polizeibeamter, der häufiger freiwillige Dienste in der Teestube übernahm. Er sah konkrete Hilfe zunächst als wichtiger an, als den Süchtigen wieder ins Gefängnis zu stecken.

Zwischen Granada und Transit: Zivilbeamte untersuchen Bekannte

Ein Kunde von ganz anderem Kaliber war der Obdachlose Erwin. Er lebte schon ein Vierteljahrhundert auf der Straße, hatte massive Alkoholprobleme und litt unter Wahnzuständen und Schlaflosigkeit. Trotzdem nahmen wir ihn in eine

betreute Obdachlosen-WG auf. Ab sechs Uhr früh machte sich Erwin im Hinterhof mit einem Vorschlaghammer an alten Kohleöfen und Herden zu schaffen, bis schließlich alle übrigen Hausbewohner seine Schlafstörungen teilten.

Manchmal blieb er der WG fern. Dann legte er sich sternhagelvoll in der Nähe gleich auf die Straße. Wenn er erwachte, pflegte er bei uns lautstark Einlass zu fordern, was wir, solange Erwin in einem bestimmten Zustand war, lieber nicht taten. Solange die Tür zu blieb, ließ er mit schriller, sich überschlagender Stimme eine Schimpfkanonade auf uns los, mit der er nur aufhörte, wenn er zwischendurch vor Erschöpfung wieder einschlief. Die Polizei zu rufen, nützte in der Regel nichts, da er sich kurz vor ihrem Eintreffen geschickt dünn machte und erst wiederkam, wenn sie erfolglos abgerückt war.

Sobald Erwin loslegte, schalteten einige Nachbarn, wie wir bemerkten, ihre Fernsehgeräte aus und hängten sich ans Fenster. Für sie war das Schauspiel offenbar spannender als jeder TV-Krimi. Ein Parterre-Bewohner schenkte Erwin, wenn seine Kräfte nachzulassen schienen, sogar manchmal einen Schnaps ein, damit die Show weiterging.

Einmal fühlten wir uns diesem Dauerstress ziemlich hilflos ausgeliefert – wurden uns Erwins Eskapaden zu viel. Zu fünft packten wir ihn, verfrachteten ihn in einen VW-Transporter und fuhren ihn 20 Kilometer weit in eine einsame Gegend, wo wir ihn aussetzten. Doch wir trauten unseren Augen kaum: Auf der Rückfahrt wurden wir von einem Taxi überholt, in dem unser Erwin saß und uns begeistert winkte. Vor der Obdachlosen-WG empfing er uns dann mit seinem üblichen markerschütternden Geschrei. Wir machten mehrere Versuche, ihn auf ähnliche Weise loszuwerden – einmal trampte er zurück, einmal saß er als Schwarzfahrer im Zug, aber jedes Mal tauchte er noch am selben Tag wieder auf.

Schließlich schafften wir ihn in einen Wald am Stadtrand Hannovers in der Hoffnung, dass er vielleicht nicht so schnell wieder heraus finden würde. Kaum hatten wir ihn – erfreulicherweise schlafend – im Unterholz abgelegt, begegneten wir einer Polizeistreife, der wir ziemlich verdächtig vorkamen. „Was wir hier machen? Was man im Wald halt so macht...“, antwortete einer von uns dem Wachtmeister ganz harmlos. Wir hatten Glück: Weder bekamen die Ordnungshüter heraus, was wir angestellt hatten, noch machte sich Erwin mit seinem unüberhörbaren Gebrüll bemerkbar. Wir beteten. Wenig später beruhigte er sich.

Bald darauf waren wir froh, dass wir Erwin hatten. Ein Einbrecher stieg bei uns ein, durchwühlte die Wohnung und machte sich schließlich davon, als er den schlafenden Erwin entdeckte – nicht ohne zuvor dessen Personalausweis mitzunehmen. Erwin wachte gerade rechtzeitig auf, um den Dieb aus dem Fenster klettern zu sehen. Nachdem er 25 Jahre keinen Ausweis mehr besessen und sich gerade kürzlich neue Papiere besorgt hatte, geriet Erwin mächtig in Zorn und verfolgte den Einbrecher bis in den Hauptbahnhof, obwohl er da gerade Hausverbot hatte. Erwin beobachtete, wo sich der Mann verkroch, und ging dann zur Bahnpolizei. Zwar war er dort als notorischer Unruhestifter bekannt, doch die Beamten halfen ihm sofort, nahmen den Einbrecher fest und stellten eine Reihe weiterer gestohlener Ausweise bei ihm sicher.

„Galerie Hardy" und „Bei Erich"

Hardy war ein Hannoveraner Original, ein wohlbeleibter Enddreißiger mit Improvisationstalent und Entertainer-Qualitäten, genau besehen aber ein Härtetyp, der sich überall durchschnorrte. In den Kneipen, die er besuchte, trat er stets gleich hinter die Theke und zapfte sich selbst ein Bier. „Nur einen Schluck Schaum“, pflegte er den Wirt zu beschwichtigen. Für ein Bier zu zahlen, fiel ihm im Traum nicht ein. In seinem Glas war tatsächlich überwiegend Schaum, aber auf längeren Kneipentouren reichte der, alles zusammengenommen, für Hardy locker, um sich einen anzutrinken. „Ist halt typisch Hardy; da kann man nichts machen“, seufzten die Wirte.

In der Altstadt-Kneipe „Bei Erich“ hatte der Lebenskünstler an der Theke sein Büro, wo er Kunstaktionen und ähnliche Happenings organisierte. Die Kneipenadresse stand auch auf seiner selbst gebastelten Visitenkarte. Hauptsächlich löste er damit das Problem, dass er mangels Knete keine Wohnung hatte. Leuten, die ihn nicht kannten, präsentierte sich Hardy überzeugend als Kultur-Manager und bestellte Anzüge im Dutzend oder teure Häppchen und Getränke – selbstverständlich, ohne jemals die Rechnungen zu begleichen. Die georderte Ware verteilte er dann großzügig an die Kneipengäste. Auf ihr Wohlwollen war er schließlich früher oder später auch wieder angewiesen.

War bei Erich zu, dann quartierte er sich in den WGs von Bekannten ein – gerne wenn gefeiert wurde. Bescheiden verkündete er seine Absicht, „nur ein paar Tage“ bleiben zu wollen. Beim Gastgeber mussten spätestens dann die Alarmglocken schrillen, wenn Hardy sich frühmorgens bei ihm ins Bett begeben wollte. Wurde er daran erfolgreich gehindert, dann machte er es sich auf den Dielen im Flur gemütlich. Seine drei Zentner Lebendgewicht verhinderten jedenfalls, dass man ihn dort wieder wegbekam. In der WG konnte man erst dann aufatmen, wenn sich Hardy seiner Büropflichten „Bei Erich“ erinnerte.

Schließlich ging der Wunsch des großen Künstlers nach einer eigenen Kunstgalerie in Erfüllung. Er hatte einem Bekannten mit gutbürgerlicher, geräumiger Altbauwohnung aus der Kaiserzeit so lange zugeredet, bis der ihm schließlich gestattete, an der Wohnungstür ein imposantes Schild mit Aufschrift „Galerie Hardy“ anzubringen. Fehlten nur noch die Kunstwerke. Erneut tat sich Hardy im Bekanntenkreis um. Auch Wasserfarbenbilder von deren Sprösslingen waren ihm recht.

Nun inserierte Hardy im Stadtmagazin: „Galerie fördert junge Talente gegen geringe Schutzgebühr. Interessenten melden sich bei Hardy, Telefon..." Hier folgte die bewährte Nummer von Erichs Kneipe. Unbedarfte Anrufer mochten den Kneipenlärm als Hochbetrieb in Hardys Künstleragentur deuten. Tatsächlich fanden sich ambitionierte Kunstfreunde, die Hardy anstandslos die Gebühr von 130 Mark zahlten und dann ihre Kunstwerke in der Galerie neben den schon hängenden Kinderbildern platzieren durften. Dass Hannovers echte Kunstszene von den Ausstellungen nichts mitbekam, schien niemanden zu stören.

Auch in anderen Lebensbereichen behauptete sich Hardy als begnadeter Bluffer. So tauchte er einmal auf einem Treffen von Anthroposophen auf und nutzte die Gelegenheit, als sich ein angekündigter Referent verspätete, spontan zur Selbstdarstellung. Augenzeugen berichteten später, er habe in seinem Fachvortrag gekonnt mit esoterischen Versatzstücken um sich geworfen und immer wieder den Gründer der Bewegung, Rudolf Steiner, mit freilich frei erfundenen Zitaten zu Wort kommen lassen.

In unserer christlichen Teestube Jesus-Treff verhielt er sich allerdings genauso. Bei einer unserer Zusammenkünfte erhob er sich plötzlich von seinem Stuhl und erklärte mit sonorer Stimme: „Ich verlese jetzt einen Psalm!“ Das schien auf einen kürzeren Redebeitrag hinzudeuten, da Psalmen in der Regel nur aus wenigen Versen bestehen. Hardy aber fand kein Ende, bis ein Besucher, der sich in der Bibel gut auskannte, flüsterte: „Das ist Psalm 119.“ Mit schlafwandlerischer Sicherheit war Hardy auf den einen unter 150 Psalmen gestoßen, der sich über einige Bibelseiten hinzieht.

Da der Mann schließlich wegen wiederholter Betrügereien für vier Jahre in den Knast wanderte, verloren wir ihn aus den Augen. Jahre später fiel uns ein Zeitungsbericht auf: „Angeblicher Busfahrer erschwindelt in drei Restaurants kostenlose Mahlzeiten. Der Betrüger wird als korpulenter Mittvierziger beschrieben. Dem Wirt sagte er jeweils, er wolle eine Busladung Touristen vorbei bringen. Vorher müsse er sich von der Qualität des Restaurants überzeugen...“ Klingt ganz nach Hardy.

Hardy mit Kind

Kontakt mit Promis

Bei unseren Bemühungen, das Evangelium zu verbreiten, sind wir auch einigen bekannten Persönlichkeiten begegnet, die sich teilweise ebenso als schwieriger Fall entpuppten wie Hardy. So stand ich eines Tages zusammen mit meinem Freund Mike vor der Konzerthalle, in der gerade die in den 70er Jahren sehr erfolgreiche Rockband „Barclay James Harvest" auftrat. Mike war ein weit gereister, mit allen Wassern gewaschener Geschäftsmann. Nachdem ich ihm geklagt hatte, an Rockstars komme man schwerer heran als an manche Politiker, entgegnete er cool: „Wenn du willst, arrangiere ich das für dich." Leider war Mike für Rockmusik überhaupt nicht zu haben, weshalb wir erst nach dem Konzert die Veranstaltung besuchten, um eventuell an die bewunderten Musiker heranzukommen.

Als die Fans nach dem Konzert heraus strömten, gingen wir in die Halle und wandten uns zuerst an den Mann am Mischpult. Er zeigte uns den Stage-Manager, und von ihm fragten wir uns weiter zum Personal-Manager durch, zu dem uns ein Roadie begleitete. Schließlich wies er uns auf die Backstage-Tür hin und verschwand. „Jetzt nicht umdrehen, einfach weitergehen. Guck geradeaus“, flüsterte mir Mike zu. Die zwei Wachen vor der Tür musterten mich misstrauisch. Während Mikes Erscheinung überzeugend signalisierte, dass er in wichtiger geschäftlicher Mission kam, wirkte ich wie ein verirrter Fan. „Der gehört zu mir“, sagte Mike mit fester Stimme.

Als wir schon vorbei waren, rief uns einer der verdutzten Wachleute hinterher: „Hier darf keiner durch!“ Mike wandte den Kopf leicht zurück und sagte einfach: „Das wissen wir.“ Dann setzte er unbeirrt seinen Weg fort.

Jetzt waren wir hinter der Bühne, wussten aber nicht, wo die Jungs von „Barclay James Harvest“ steckten. In diesem Moment tauchte der Personal-Manager auf. Wir trugen ihm unser Begehr vor, aber, wie zu erwarten, lehnte er sofort ab und forderte uns auf zu gehen. Da öffnete sich eine Garderobentür, und der Lead-Gitarrist, der Bassist und der Schlagzeuger der Band kamen heraus. Das war meine Chance; ich verwickelte den Bandleader, John Lees, sofort in ein Gespräch über die neueste BJH-Platte. Auf den Personal-

1. FC Rock'n'Roll mit Jane, Jochen Krause und weiteren Krautrock-Bands (1974)

Manager wirkte das, als ob wir alte Bekannte wären. Er zuckte die Schultern und wandte sich anderen Aufgaben zu.

Etwa eine halbe Stunde dauerte meine Plauderei mit Lees. Ich wollte vor allem wissen, warum

in etlichen seiner Songs Jesus Christus vorkam. Er erzählte, die Band sei Anfang der 70er Jahre auf „Dope und Mystik“ eingestiegen. Das habe zu einem Lebensstil geführt, den die Musiker nicht durchhalten konnten. Sie hätten sich dann mit Religion beschäftigt. „Unsere Texte handeln oft von Jesus, weil er der populärste Religionsstifter ist. Aber wir glauben, dass alle Religionen zum gleichen Ziel führen", sagte Lees. Ich versuchte, ihm klarzumachen, dass Jesus Christus anders ist als alle religiösen Führer. Obwohl die Unterhaltung mit den drei Bandmitgliedern außerordentlich spannend war, ließ sich Lees in seinem zusammengewürfelten Privat-Glauben nicht erschüttern.

Auf ähnliche Weise kamen wir mit der damaligen Super-Group „Yes" und mit der legendären Jazz-Formation „Weather Report" in Kontakt. Bei letzterer erleichterte der Pianist Josef Zawinul den Kontakt, ein gebürtiger Österreicher, mit dem ich Deutsch sprechen konnte. Er erinnerte sich, wie er in den 50er Jahren zusammen mit Friedrich Gulda an der Wiener Musikhochschule studiert hatte, wegen seiner Liebe zum Jazz Schwierigkeiten bekam, den Rektor beleidigte und in hohem Bogen rausflog. Nur deshalb ging er in die USA, wo seine steile Karriere begann.

Aber interessanter war, dass „Weather Report"-Drummer Alex Acuna wenige Jahre später der Jazzband „Koinonia" beitrat. Sie spielte vor allem in der christlichen Szene, und Acuna war zum überzeugten Christen geworden.

John Kirkbridge von den „Moody Blues“ ließ sich erfreut eine LP des christlichen Sängers Barry McGuire schenken: „Ich habe genau heute Geburtstag!“ Eric Burdon, der „schwärzeste unter den weißen Blues-Sängern“, merkte mir gegenüber selbstkritisch an: „Ich wünschte, ich könnte ein so sauberes Leben wie du führen. Drogen, Alkohol, Tournee-Stress machen mich kaputt – aber ich muss ja von irgendetwas leben...“ Peter Green von „Fleetwood Mac“, der nach einem Psychiatrieaufenthalt und Drogenentzug seine jüdischen Wurzeln entdeckt und seinen richtigen Namen „Greenbaum“ wieder angenommen hatte, war an einem Gespräch über das Christentum sehr interessiert und freute sich auch über mein Mitbringsel, eine Platte der Folkrockgruppe „Lamb“, deren Mitglieder ebenfalls jüdischer Abstammung waren und sich nach ihrer Bekehrung zum Christentum „messianische Juden“ nannten.

Auch bei Autorenlesungen in Hannover ließ ich mich sehen. Die bekannten Schriftsteller waren meist vom endlosen Signieren gelangweilt und empfanden mich und meine ungewöhnlichen Fragen als willkommene Abwechslung. So sprach ich mit dem Beat-Autor Allen Ginsberg ebenso über Jesus und das Christentum wie mit dem Humoristen Ephraim Kishon, Nobelpreisträger

Heinrich Böll, Bestsellerautor Johannes Mario Simmel und den Politikern Rainer Barzel und Hans-Jürgen Wischnewski. Dem Fernsehjournalisten Dieter Kronzucker hielt ich die Erinnerungen des Nixon-Vertrauten Charles Colson, „Der Berater", hin. Kronzucker darauf: „Schickt Sie Friedrich Hänssler?" Das ist der Verleger jenes Buchs, eine markante Figur in der evangelikalen Szene. Wie sich herausstellte, unterhielt Kronzucker zu bibeltreuen Christen beste Kontakte.

Die Hannoveraner Hardrocker der „scorpions" kannte ich schon lange. Anfangs spielten sie in Bierzelten – von ihren späteren Erfolgen noch meilenweit entfernt. Hauptsächlich kamen wir mit ihnen aber durch Fußball in Kontakt. Im 1. FC Rock'n'Roll hatten sich neben Klaus Meine & Co. auch Mitglieder von „Eloy" und „Jane" zusammengefunden. Also schlossen auch wir Jesus-Freaks uns zu einer Elf zusammen, unterstützt von Mitgliedern der kalifornischen Jesus-Bewegung, und traten gegen sie an. Soweit ich mich erinnere, gewannen wir nur einmal. Aber in der Halbzeitpause konnten die Spieler des 1. FC Rock'n'Roll Gesprächen über den Glauben nicht ausweichen, und darauf kam es uns an.

Mit Kohl im Kanzleramt

Es gibt von mir sogar ein Foto, auf dem ich in vertrautem Zwiegespräch mit dem späteren Kanzler der Einheit, Helmut Kohl, zu sehen bin. Fragen mich Freunde, wie ich das geschafft habe, kann ich mit stolz geschwellter Brust, aber ironischem Unterton berichten: „Ich habe sogar drei Mal mit Kohl geredet, einmal mit Genscher und einmal mit Richard von Weizsäcker." Das kam so: Ein Bekannter rief mich an und sagte, er habe eine Einladung zum Bundespressefest im Bonner Kanzleramt erhalten. „Kommst du mit? Allein will ich nicht", fügte er hinzu.

Der Brief war an den Zeitungsverleger gegangen, der entweder keine Lust auf Kohl (falsches Parteibuch?) oder den Brief gleich unbesehen weggeworfen hatte. Als mein Freund, Lokalredakteur dieser Zeitung, an der Mülltonne vorbei kam, suchte er gerade nach einer passenden Farbe für seine neuen Visitenkarten und wurde auf das noble Blau des Briefumschlags aufmerksam. Er fischte ihn heraus. Der Briefempfänger musste bloß auf einer Rückantwort seinen Namen eintragen, um im Kanzleramt dabei zu sein. Was wir dann taten. Wenige Tage später rief das Bundespresseamt bei dem Journalisten zu Hause an, um die Anmeldung zu bestätigen, erreichte aber nur seine zu diesem Zeitpunkt völlig ahnungslose Ehefrau. Sie verwies den Anrufer an seine Dienstnummer bei der Zeitung. Für das Bundespresseamt war die Sache damit jedenfalls klar: Die Zeitung war auf dem Verteiler gespeichert.

Wir fanden uns pünktlich am Bonner Kanzleramt ein, ich allerdings nicht im geliehenen anthrazitfarbenen Dreireiher und Lackschuhen, sondern im gewohnten Gammellook. Da wir aber gültige Einladungskarten vorzeigen konnten, wurden wir von den Sicherheitsleuten nicht zurückgewiesen. In der Grünanlage mischten wir uns unter die schon zahlreichen Gäste, unter denen wir bald auch Helmut Kohl erspähten. Wie es meine Art war, verwickelte ich einige Besucher in Gespräche über Jesus Christus und den Glauben, an denen sich irgendwann auch der Kanzler beteiligte. Er machte alles in allem – dem Anlass entsprechend – einen lockeren Eindruck und diskutierte gut gelaunt mit. Der damalige Außenminister Dietrich Genscher wollte sich auf meine

Mit Helmut und Hannelore Kohl im Kanzleramt (1988)

Frage nach seinem Glauben in der Manier eines Vollblut-Diplomaten lieber nicht festlegen.

Ich traf Kohl zum zweiten Mal auf der Frankfurter Buchmesse, dort zusammen mit dem damaligen Bundespräsidenten Richard von Weizsäcker, und erneut erkundigte ich mich ganz unbefangen nach ihrem persönlichen Bekenntnis. „Richie“ reagierte da allerdings ziemlich empfindlich: „Wie können Sie es wagen, mir in der Öffentlichkeit diese persönliche Frage zu stellen?“ blaffte er mich an. Dann merkte er anscheinend, dass er sich im Ton vergriffen hatte, und schob mit routiniertem Politikerlächeln hinterher: „Aber schreiben Sie mir doch mal..." Weizsäcker hatte übrigens verschiedene Ämter in der Evangelischen Kirche inne, darunter Synodaler und Kirchentags-Präsident.

Auf dem Bundespressefest stellte ich sicher, dass ich auch künftig zu diesem Gesellschaftsereignis eingeladen wurde. Die Adresse konnte sich schließlich mal ändern. Kurzerhand fragte ich einen Sicherheitsbeamten nach der für Adressänderungen zuständigen Stelle. Er führte uns beide zu einem Informationsschalter auf dem

Hans-Dietrich und Barbara Genscher im Kanzleramt (1988)

Kanzleramtsgelände. Mein Freund brachte sein Anliegen vor: „Ich habe vor, mich selbstständig zu machen, würde aber gern weiter zum Pressefest eingeladen werden. Könnten Sie bitte die neue Adresse in Ihre Daten aufnehmen?“ Also wurde die Adresse des Verlegers durch seine ersetzt. So setzten sich unsere Besuche im Bonner Regierungsviertel fort. Niemand wusste, warum wir eigentlich eingeladen worden waren. Doch so kam ich schließlich zu meiner dritten Begegnung mit Kohl. Als Gerhard Schröder Kanzler wurde, endeten unsere Einladungen, weil jetzt ein neuer Adress-Verteiler verwendet wurde.

Wem ich von diesen Treffen erzähle, der stellt sich normalerweise vor, ich hätte als Alt-68-er mit dem Kanzler und anderen Spitzenpolitikern wild gestikulierend einen Grundsatzstreit über ideologische Themen vom Zaun gebrochen, beinhart argumentierend und agitierend, bis ich meine Gesprächspartner rhetorisch in die Knie gezwungen hatte. Weit gefehlt! Die Auseinandersetzung wurde meist subtil geführt. Aber meine Ansichten über Gott und die Welt, über die Auswirkungen der Bergpredigt auf unser Alltagsleben, passten den smarten Berufspolitikern meist nicht ins Konzept. Ihnen ging es immer um Mehrheitsfähigkeit, Machbarkeit und vermeintliche Vernunft.

Der Physiker Carl-Friedrich von Weizsäcker, Bruder des einstigen Bundespräsidenten, schrieb: „Nur einen Fehler haben die Christen gemacht. Sie haben Jesus als Einzigen, als den Christus erklärt und ihn damit in ein unnachahmbares und insofern unverbindliches Jenseits abgeschoben... Aber die Intoleranz, die nur Christus als göttlich kennt, ist in Wahrheit der Schutz der tiefen Angst der Christen vor der vollen Wirklichkeit; zumal vor der Forderung, die Christus an sie selbst stellt; eines Wirklichkeitsverlustes, der sie militant, unaufrichtig, neurotisch, zu Pharisäern macht." So denken viele führende Persönlichkeiten der Gesellschaft, ganz im Sinne des Zeitgeists.

Wer für alle Glaubensrichtungen offen sein will, gerät in eine weltanschauliche Sackgasse – gemäß dem New Age-Spruch: „Wer für alles offen ist, kann nicht ganz dicht sein." Ich weiß, dass der Sohn Gottes, Jesus Christus, tatsächlich stellvertretend für das Fehlverhalten der Menschheit gestorben ist. Jeder, der in diesem Sinne an Jesus glaubt, wird Gott persönlich kennen lernen. Er wird Abstand vom Egoismus und Erkenntnis des eigenen Fehlverhaltens gewinnen und innere Veränderung erleben.

Buchempfehlungen

33 Argumente für Gott
ISBN: 978-3-942893-11-4
96 Seiten, 1,00 €

Ein packendes Taschenbuch, in dem bekannte und weniger bekannte Gründe verständlich und nachvollziehbar vorgestellt werden. Es ist gründlich recherchiert und mit Quellenangaben. Die Argumente kommen aus ganz unterschiedlichen Bereichen, in fünf Kategorien gegliedert.

- Wissenschaft: Gründe, die mit normalen wissenschaftlichen Methoden nachprüfbar und abwägbar sind
- Logik: Argumente, die gedanklich naheliegen; Überlegungen über die Sinnfrage
- Historie: Da wird unter anderem die Geschichte der Weißen Rose mit Hans und Sophie Scholl aufgerollt, die Kraft und Motivation zu ihrem Handeln aus dem christlichen Glauben bezogen
- Zitate: Aussagen von berühmten Persönlichkeiten, zum Beispiel Augustinus, Napoleon, Blaise Pascal oder Oscar Wilde
- Erlebnisse: Menschen, die Gottes Eingreifen erfahren haben, berichten darüber. Einer von ihnen ist Samuel Koch, der im Jahr 2010 bei „Wetten, dass…“ mit seinen Sprungfedern verunglückt ist

Ist Gott tot? Daniel König-Meier, SoulBooks, 96 Seiten, ISBN 978-3-9811740-3-8, 1,00 €

Wie der skeptische Mensch die Frage nach Gott zufriedenstellend beantworten kann.

Dieses Buch fühlt auf den Zahn des postmodernen Glaubens. Denn jeder hat einen Glauben. Im Zeitalter der Wissenschaft glaubt der aufgeklärte Mensch, dass er die Nichtexistenz Gottes beweisen kann. Auch der Atheist sagt: Ich glaube, dass Gott nicht existiert! Der Agnostiker sagt: Irgendetwas wird es schon geben. Selbst die Evolution ist eine nicht beweisbare Theorie – darum heißt sie ja auch Evolutionstheorie! Doch ist das zufriedenstellend? Haben wir nicht letztendlich alle eine große Sehnsucht nach Gott? Der Autor zeigt Schritt für Schritt auf, dass es eben doch nicht sinnentleert ist, an einen Gott zu glauben. Er möchte hinführen zu der eigentlichen Bestimmung unseres Lebens. Ein Verschenkbuch für Denker, Skeptiker und Zweifler.